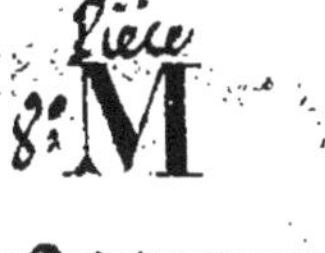

UN MODERNE GOTHIQUE

○ ○

T. LYBAERT

PAR

Charles BUET

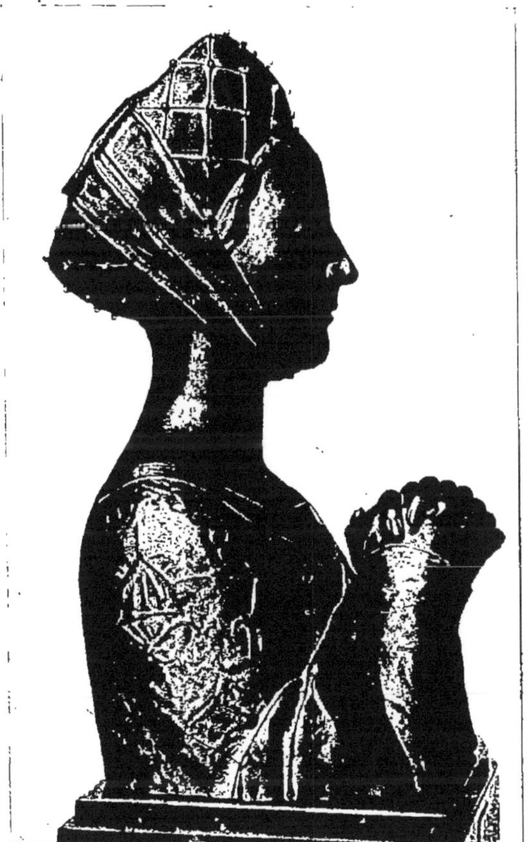

LA PRIÈRE   Bronze par T. LYBAERT

L. Baschet
Éditeur
Paris

T. LYBAERT

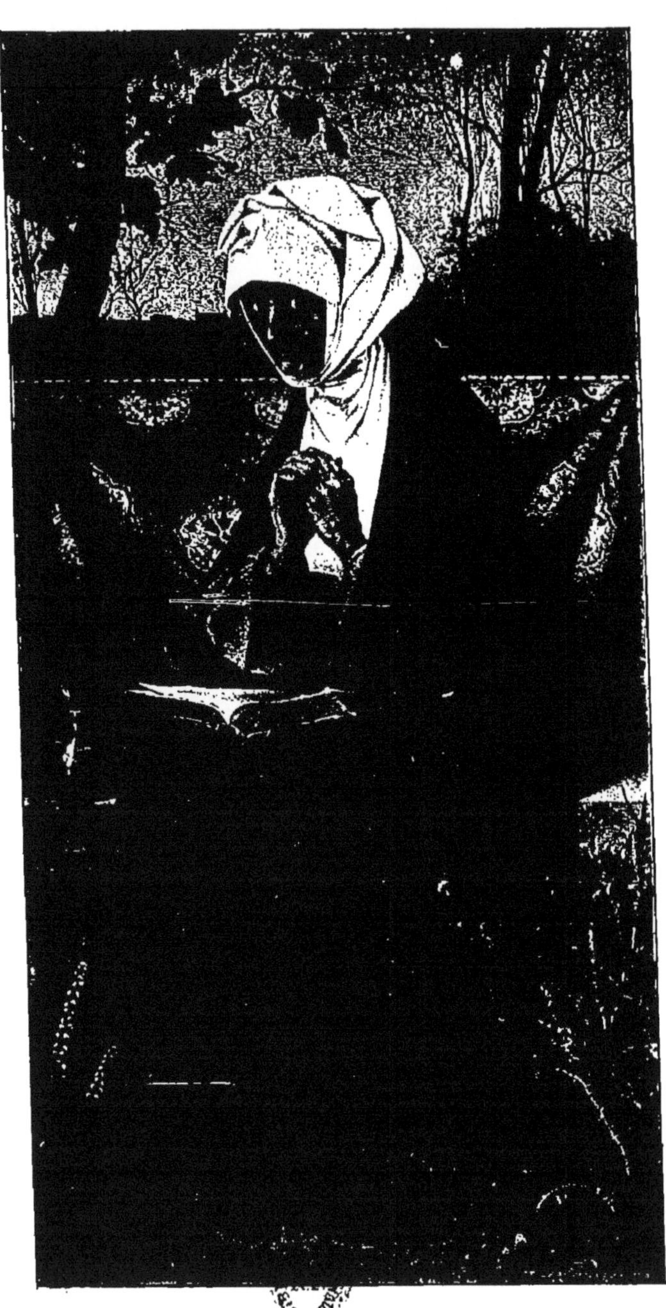

LE SOIR DE LA VIE

Appartient au Comte de CARYSFORT

UN
Moderne Gothique

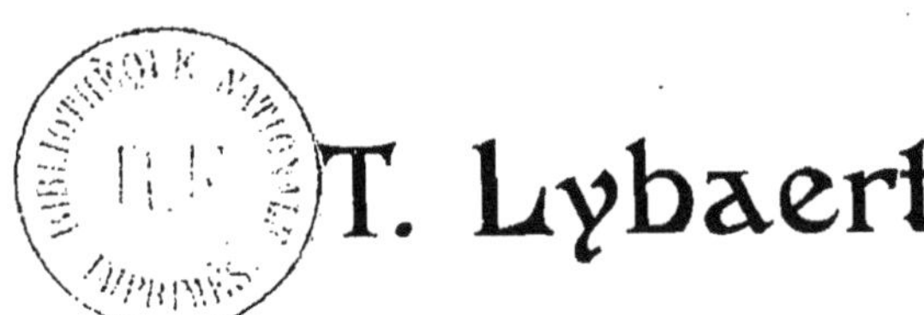

T. Lybaert

PAR

CHARLES BUET

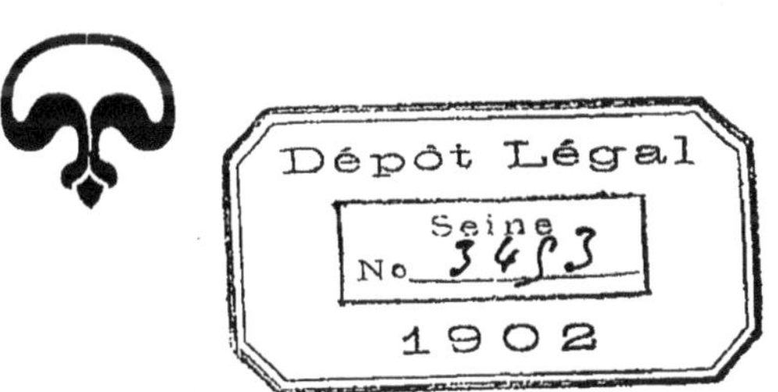

L. BASCHET

12, rue de l'Abbaye, 12, Paris

1902

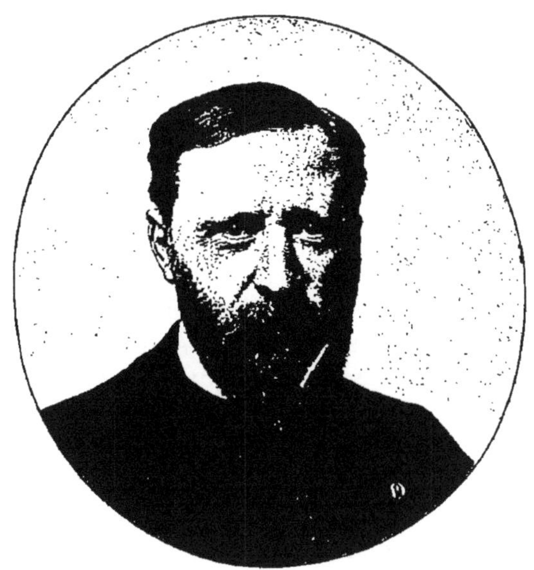

THÉOPHILE LYBAERT

Artiste peintre, Sculpteur
Membre de la Commission Royale des Monuments
Officier de l'Ordre de Léopold
Commandeur de l'Ordre de Saint-Grégoire Le Grand, du Libérateur, etc., etc.

GAND.

I

Si Amsterdam est, comme on s'est plu à le dire, la Venise du Nord, à quelle ville méridionale et latine pourrait-on comparer Gand, l'ancienne capitale des comtes de Flandre? Ce n'est que la plume d'un Walter Scott, à la fois archéologue et romancier, qui pourrait dignement décrire cette ville si curieuse, tracée de rues tortueuses, étroites, comme il le fallait aux enceintes fortifiées en un temps où n'existait point le canon, coupée de canaux.

Bordée de palais et de maisons lépreuses, gardant
partout les vestiges d'architecture qui se rapportent
à son histoire, et en même temps modernisée par
des édifices magnifiques, où s'étalent, tradition des
opulentes familles des anciens âges, un luxe à la fois
discret et grandiose.

A chaque pas, Gand offre à ses visiteurs des sou-
venirs historiques : ici, le marché du Vendredi,
Saint-Nicolas, plutôt forteresse qu'église, avec ses
ogives nues, ses tours noires; là, le Marché aux
Grains, la maison et la statue d'Artevelde ; plus loin,
l'Hôtel de Ville, ce bijou du gothique flamboyant, et
la Tour du Beffroi dont la cloche sonna tant de révo-
lutions communales, la vieille maison des Bateliers
et ses voisines, presque aussi délabrées que les
maisons romanes de Tournai, qui rappellent les
premiers temps de la monarchie française.

C'est encore la fameuse porte du Rabot, débris
du moyen âge, plantée au beau milieu d'un large et
superbe boulevard orné d'arbres de haute futaie; ce
sont les béguinages, villes dans la ville, avec leurs
logis de brique, leurs cours dont les pavés se sertis-
sent d'herbe verte, la cour du Prince, aux demeures
somptueuses, laquées d'un stuc aussi brillant que le
marbre, et où naquit en un lieu que la bienséance
défend de nommer, le très auguste et très puissant
empereur Charles-Quint.

Puis des églises, nombreuses et belles, presque
toutes du style gothique, mais déparées à l'intérieur
par le mauvais goût du xviie siècle : Saint-Bavon, la
riche cathédrale, Saint-Jacques, entourée de cha-
pelles et de contreforts, presque semblable à un
gigantesque vaisseau, échoué la quille en l'air, Saint-
Michel, solide et trapu, non loin de ce château des
Comtes que d'intelligents architectes restaurent, et

de cette Vieille Boucherie où, exposées aux intempéries, on admire une fresque splendide que, seule, une de ces riches corporations d'un temps objet de nos mépris pouvait payer comme un artisan paie une enseigne.

Mais il faudrait tout un livre pour étudier ce cœur des Flandres, ses monuments et son passé, que le bon conteur Henri Conscience a fait revivre dans ses récits, devenus si populaires. Le poète d'aujour-

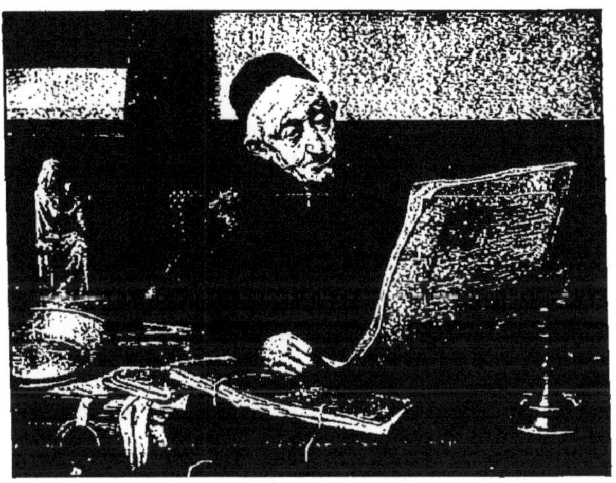

LE BIBLIOMANE

d'hui, Maurice Maeterlinck dédaigne les chroniques d'antan, et tâche à recommencer Shakespeare. Ce moderne n'a-t-il pas subi quelque peu l'influence de cette cité où palpitent deux cent mille âmes, et qui ne se peut comparer à aucune des nôtres, encore que l'activité industrielle y règne, et aussi une très puissante effervescence des spéculations purement intellectuelles?

Avec son Université florissante, son Académie,

ses sociétés scientifiques, sa presse très développée
en journaux et en revues, ses théâtres, Gand est
véritablement un centre littéraire des plus remar-
quables, et d'une autre portée que Lausanne et Genève
dont on nous parle souvent en France. Mais les arts
surtout y tiennent une grande place; et depuis que le
célèbre baron Béthune, mort l'an dernier, a fondé
l'école Saint-Luc, qui a fait déjà des milliers d'élèves,
la peinture, la sculpture, l'architecture tiennent une
place très grande dans toute la Flandre. On sait quel
beau mouvement de restauration de l'art gothique,
soit dans l'architecture religieuse, soit dans l'architecture civile, a inauguré l'initiative du baron
Béthune. Il avait entrepris, et faut-il avouer qu'il y
est arrivé? de rénover l'art chrétien, de créer tout un
peuple d'artistes, ne puisant leur inspiration que
dans le plus pur idéal. Peut-être même cet homme
d'une valeur insigne, et dont l'œuvre est pour enrichir sa patrie, exagéra-t-il quelque peu ses théories.
Mais il les affirma du moins avec assez d'énergie
pour provoquer une sorte de réaction, par lui prévue
sans doute, et qu'un de ses admirateurs et de ses
disciples, le baron de Haulleville exprimait en
ces termes :

« Il est certain que les hommes sont impuissants
à enfermer l'art dans des formes déterminées. La
liberté de l'artiste est comme celle de la conscience
ou, pour employer une expression de M. de Bonald,
comme la liberté de la circulation du sang dans le
corps humain. Vous pouvez arrêter cette circulation
chez un homme déterminé, par exemple, en lui
coupant la tête. mais vous n'en supprimerez pas
l'existence dans l'humanité elle-même. Rien n'est
plus évident que la mobilité des formes d'expression
du beau. Le beau en soi est éternel, mais ses formes

créées varient à l'infini dans le cours des temps,
Toute la splendeur de l'art du moyen âge n'empê-
chera pas l'homme de goût de s'incliner profondément devant les chefs-d'œuvre de l'art grec. La
sculpture de nos cathédrales et de nos hôtels de ville
m'émeut profondément, mais le fronton, les méthopes
et la frise du Parthénon m'arrachent des cris d'admi-
ration. Les formes de la sculpture chrétienne ne sau-
raient rester immobilisées dans la gaucherie naïve
des modèles moyen-âgeux. La sculpture chrétienne
de l'avenir unira la pureté de l'idéal à la réalité
étudiée des formes matérielles. On peut faire le
même raisonnement sur la peinture. Il y a évidem-
ment, parmi nos contemporains, un mouvement de
retour vers l'art, la littérature, la philosophie et la
théologie des siècles moyens. Mais ce mouvement
de retour, s'il s'accomplit, comme je le crois, ne
sera pas une simple *imitation*. L'archéologie et
l'art sont des choses toutes différentes. Le réalisme
de notre temps prendra comme point de départ
l'art gothique (très réaliste), pour reprendre la
chaîne des temps, interrompue par des géants
comme Michel-Ange et Rubens, et marchera vers
des nouvelles et splendides destinées, sur les ailes
de la liberté. »

Pour être énoncées en un langage par trop fami-
lier dans les termes et d'une inélégance qui trahit le
journaliste contraint à la tâche quotidienne, ces
idées du baron de Haulleville n'en sont pas moins
pratiquement excellentes, et voici qu'elles trouvent
une application précise, en ce sens qu'elles semblent
avoir guidé en sa voie un des plus grands artistes
flamands contemporains, si même elles n'ont pas
été suggérées au critique par l'œuvre si remarquable
de cet artiste, trop peu connu en France, et qui

recommence, à quelques lieues au-delà de nos frontières, l'admirable tradition de Hans Memling et de son école.

II

Lors de mon dernier voyage à Gand, je visitais une fois de plus cette ville si curieuse, en compagnie d'un très aimable cicerone, à la fois artiste et lettré qui aime passionnément ce pittoresque assemblage de monuments, d'antiques logis, de venelles en méandres, de canaux et de jardins, véritable labyrinthe où nul étranger ne saurait s'orienter, et qui renferme tant de vestiges d'une vigoureuse autonomie communale.

Je voulais revoir un peintre dont j'avais, naguère, traversé l'atelier, et qui m'avait montré des œuvres d'une originalité saisissante. C'est à l'église Sainte-Anne, de laquelle il terminait la décoration, qu'il le fallut chercher. Il était tout en haut, sous la voûte, au sommet d'un échafaudage que, d'étage en étage, des échelles reliaient au sol. Il descendit, avec une rapidité à donner le vertige.

Un homme de taille moyenne, le type hispano-flamand, presque maure, barbe et cheveux brun fauve, l'œil vif, brillant, la physionomie ouverte, franche, attirant la sympathie, l'air bon enfant et gai. Vêtu sans façon, mais d'une élégance de courtisan vénitien, dans tous ses mouvements, d'une rare finesse dans son langage. Tel, Théophile Lybaert, un de ces artistes qui dominent, soustraits qu'ils sont aux jalousies, aux compétitions, aux ambitions démesurées de gloire ou d'argent, fatale-

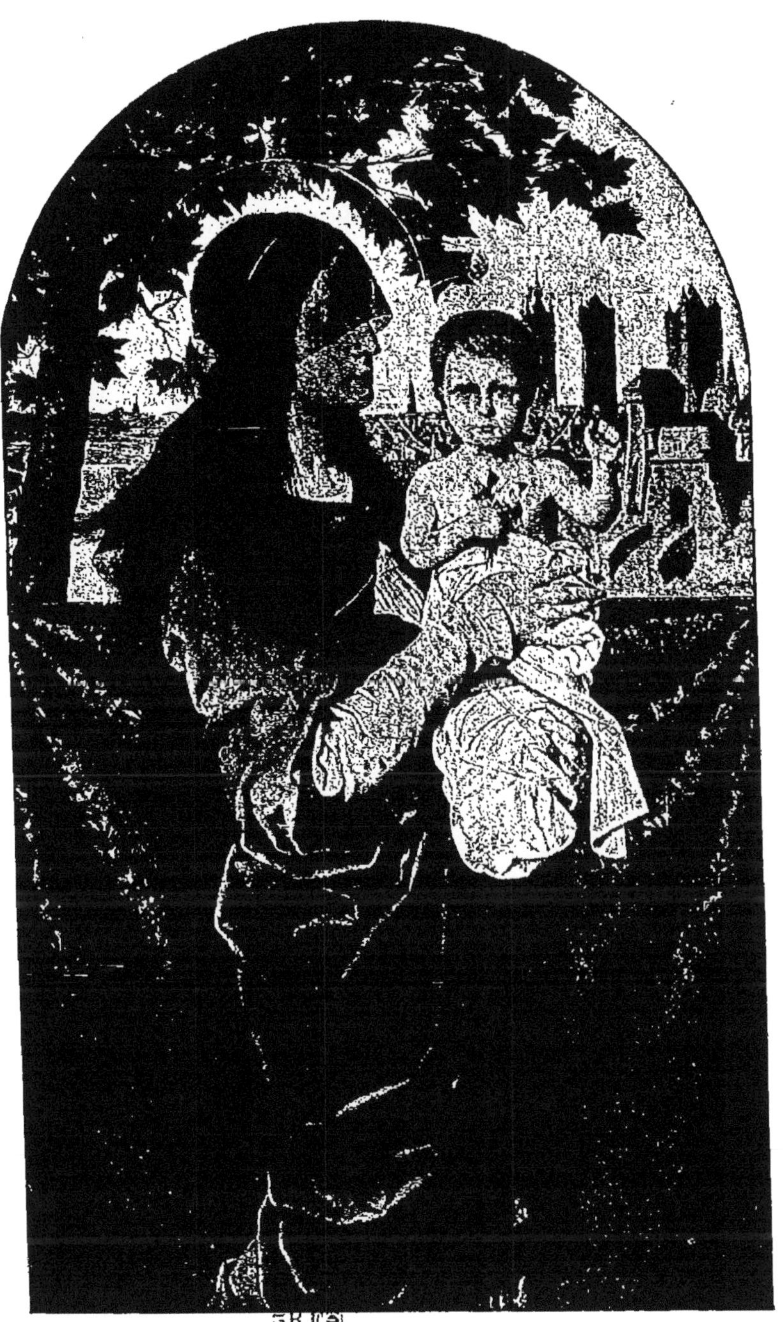

LA VIERGE ET L'ENFANT

ment tyranniques, en notre grand'ville où les lutteurs pour la vie ne veulent pas voir les tombés en chemin.

Théophile Lybaert est né à Gand, la ville brumeuse qui fut le berceau de Charles-Quint, en 1848. Admis très jeune à l'Académie, il exposait à vingt ans un Christ qui déplut, et ne laissait d'ailleurs aucunement pressentir sa gloire future. Un peu découragé, sans doute, mais aussi forcé de travailler pour vivre, il fit dès lors de la peinture de commerce pour l'exportation, et vendit aux Américains des quantités de marquises poudrées et de jolies soubrettes en costume Pompadour, des laquais chamarrés de galons, des dames à paniers, en litière ; — en un mot toutes les figurines à la mode, gracieuses, délicates de couleur, d'un dessin élégant.

Il lui fallut huit ans de lutte pour forcer l'attention, et ce fut par une sorte d'allégorie, d'une conception presque scientifique, et d'un brillant coloris, qu'il intitula étrangement : *Que fûtes-vous? Roi ou mendiant?* Mais il ne persévéra point dans cette voie. Entraîné par une imagination toujours en éveil, saisi par le charme de l'Orient, il voulut peindre ses rares et vigoureux effets de lumière, ses ciels d'un implacable azur, ses paysages brûlés, empoussiérés, d'un arrangement fantasque, ses types, devenus, depuis lors, classiques et presque poncifs: Arabes déguenillés, ou vêtus d'étoffes somptueuses, diaprés de mille couleurs, mamelucks ayant un arsenal à la ceinture, enturbannés de blanc, drapés de loques, superbes spahis à la taille svelte, au visage féroce. Si excellentes que fussent, par l'exactitude et l'habilité du faire, ces toiles partout remarquées, elles n'amenèrent pas à Lybaert le succès qu'il en espérait. On lui fit remarquer justement qu'il empruntait

leurs sujets, leurs procédés, leurs conceptions de
l'Orient à des maîtres impeccables et déjà indiscutés :
Fromentin, Descamps, Marilhac, Gérôme. On lui
reprocha de s'exposer à passer pour un imitateur
servile alors qu'il possédait un talent très original,
une manière tout à fait personnelle ; on l'accusa
même, et il faut excuser ce particularisme patrio-
tique, de se mettre à la remorque d'artistes étrangers,
alors qu'il pouvait et devait puiser son inspiration
en lui-même.

Lybaert comprit qu'il s'était engagé dans une
mauvaise voie, qu'il y avait mieux à faire pour lui
que d'enrichir des marchands de tableaux, encore
qu'il fît en même temps sa propre fortune. L'art et
le commerce ne vont pas aisément de pair. Il est
agréable, certes, de vendre ses œuvres quand elles
sont encore sur le chevalet. Toutefois la production
se ressent toujours de ce plaisir du gain, et toute
passion, celle surtout de l'argent, s'exalte et s'ac-
croit, dès qu'elle est favorisée et se peut facilement
assouvir. Il abandonna sans hésiter la peinture de
genre, et se consacra exclusivement, désormais, au
portrait et à l'histoire.

D'une érudition profonde, archéologue, héral-
diste, lettré, il reprit et poursuivit avec ardeur,
les études qui devaient compléter ses connaissances
déjà si variées. Et ce fut alors qu'il exécuta plu-
sieurs œuvres magistrales, qu'il envoya aux exposi-
tions de Vienne, de Hambourg et de Munich. Dans
l'une d'elles, *la Cour de l'Alhambra après l'exécution des Abencerrages*, il a pu donner carrière à
son goût pour les merveilleuses décorations orien-
tales, d'un coloris si harmonieux. *L'adoration de
l'empereur Caligula*, vaste toile dont les moindres
détails sont minutieusement étudiés, est d'une exé-

cution étonnante, et produit une impression, à
laquelle il est impossible de se soustraire et qu'on ne
peut plus oublier. Tout l'ensemble du tableau est
d'une tonalité rouge si intense, qu'on le dirait, observe
un critique allemand, *arrosé de feu*. Le tapis qui se
déploie sous les pieds du César, le manteau impérial,
le fond, tout apparaît couleur de pourpre, mais avec
des teintes si savamment nuancées, des ombres, des
lumières, des glacis obtenus avec une si précieuse
recherche, qu'il résulte de cette gamme de tons habi-
lement maniés, la plus extraordinaire harmonie.

Pourtant Lybaert ne fut pas encore satisfait; il
n'avait pas encore pénétré sa véritable vocation.

Il avait, de tous temps, étudié de près les chefs-
d'œuvre de Hans-Memling, conservés à l'hôpital
Saint-Jean de Bruges, et qui sont un des plus magnifiques fleurons de la couronne artistique des Flandres.
Il n'est personne qui ne connaisse les panneaux
de ce prodigieux imagier, dont quatre siècles n'ont
pu altérer l'éclat, et qu'il exécutait avec une telle
patience que, pour en apprécier le fini, la facture
exquise jusque dans les moindres détails, il faut les
regarder à la loupe. C'est Memling que voulut choi-
sir pour son maître celui que l'on appelle déjà le
Memling du dix-neuvième siècle, titre de gloire que
lui confirmera assurément la postérité. Mais à Memling Lybaert adjoignit Albert Dürer, dont il avait
appris, durant un voyage en Allemagne, à connaître
les ouvrages. Sous l'influence du maître de Nurem-
berg, le maître gantois revint aux inspirations de sa
première jeunesse, de l'époque où il créait son
Christ, c'est-à-dire à l'art religieux, qui est devenu
sa constante, son unique préoccupation, et lui a
dicté le plus grand nombre de ses œuvres actuelles.

Il essaya d'abord de fixer ses idées, en des cartons

devenus très rares. Les Vierges et les Saints qu'il
créa eurent pour caractère principal un archaïsme
plein de charmes. Il empruntait aux primitifs leur
naïveté, aux quattrocentistes leur dessin élégant,
ferme, un peu gracile, aux « miniaturistes » du quin-
zième siècle leur couleur éclatante et d'un réalisme
raffiné, aux maîtres de la Renaissance l'ampleur de
leurs conceptions. Et de ces qualités, unies en des
proportions très définies, il se créait une originalité
de « faire » qu'on ne peut lui contester, bien que
chacune d'elles, en son apparence essentielle, évoque
le souvenir de pages connues, de types déjà vus.

L'un de ses premiers tableaux, probablement ins-
piré par le livre surfait de Montalembert, académique
et douceâtre compilation, d'une écriture monotone
et d'une conscience historique douteuse, est la *Sainte
Elisabeth de Hongrie*, propriété du Musée impérial
de Vienne, et qui est exposée dans la chapelle du
Hofburg. On y remarque une minutie très parfaite
dans les plus petits détails d'architecture, soin que
ne prennent guère, par malheur, les artistes plus
préoccupés de l'effet général de leur œuvre, et de
l'impression qu'elle doit laisser, que de l'exécution
« fignolée », suivant l'expression familière des rapins,
qualité que beaucoup jugent un défaut, et que pourtant l'école flamande a toujours tenu à honneur de
montrer.

Dans *la Vierge en prière* que possède le Musée
royal de Bruxelles, la supériorité de Lybaert s'affirme
encore davantage, de même que dans la *Sainte Anne*
et le *Saint François de Borgia*. Pour moi, si je
devais attribuer la palme à une œuvre de Lybaert,
c'est à la *Vierge à l'enfant* que je la donnerais.
J'ai pu voir, de près, dans l'atelier du maître, cette
œuvre surprenante, et je l'ai étudiée longuement. Ce

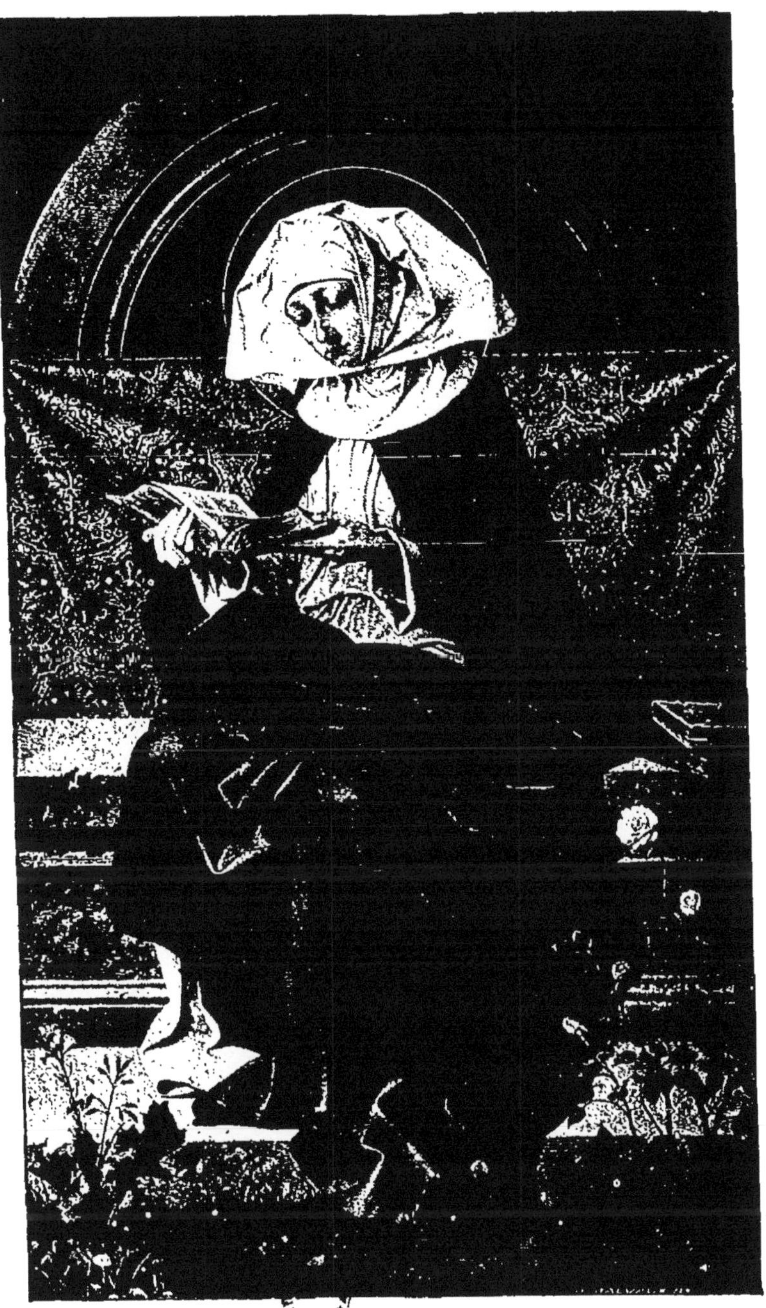

LA VIERGE DISANT SA PRIÈRE
Musée Royal de Bruxelles

n'est pas une toile, mais un panneau de dimensions moyennes, et ce serait un prestigieux pendant à la fameuse Vierge de Botticelli. La figure se détache, en bas, sur une draperie de brocart d'une incroyable richesse de coloris, en haut, sur un panorama de la ville de Gand, amas confus de maisons au milieu d'une plaine verte et fertile, d'où surgissent les clochers de Saint-Bavon, de Saint-Nicolas et le beffroi, avec, au premier plan, une porte urbaine et son pont sur le fossé, accostée d'une tour trapue à machicoulis. Le feuillage d'un jeune arbre encadre ce fond lumineux, se silhouette avec finesse sur le ciel d'un gris d'opale des pays du Nord. La Vierge n'a rien du type conventionnel et banal. Ses cheveux noirs, cerclés d'une mince bandelette et d'un nimbe diaphane, s'épandent librement sur ses épaules, et son visage, empreint de douceur, de fermeté, d'intelligence, — il y a des peintres qui n'ont voulu faire Marie que très belle ! — apparaît sous un léger voile de gaze. Les draperies sont traitées avec un art que j'oserai dire classique. L'enfant divin, blond, n'a rien de mignard, ni de poupon : c'est un roi dans les langes, mais c'est le Roi. De la main qui en bénit pas, il serre une rose sur sa poitrine. Rien de plus majestueux et de plus gracieux à la fois que ce groupe, très loin du convenu vulgaire et qui ne le cède en rien pour la tenue et la main aux travaux analogues des seuls peintres qui aient connu l'art religieux, avant l'invasion du protestantisme.

C'est dans l'atelier de Lybaert, un musée plein de raretés, où chaque objet a son utilité comme il a son histoire, que j'ai vu le maître travailler à ce qu'il considère presque, et il a raison, comme l'œuvre capitale de sa vie : le chemin de la Croix dont il achève les dernières stations. Pour cette entreprise considérable, il n'a point reculé devant un travail de bénédictin. Après avoir compulsé tous les livres où le drame sacré de la Passion est narré dans la plus minime de ses circonstances, il fit l'étude complète du costume et de l'architecture du xve siècle, car il voulait produire, avec des procédés modernes, une œuvre gothique. Il fit, sur ses dessins, fabriquer tous les accessoires nécessaires : Cuirasses, vêtements, chaussures, coiffures, armes, et si l'on songe que chacun des quatorze panneaux comporte une moyenne de vingt figures, on s'imaginera aisément quelle variété dans l'invention, quelle science de l'harmonie des couleurs il fallut pour organiser le modèle de chaque scène. C'est toute une époque qui revit sous nos yeux, avec ses princes, ses prêtres, ses magistrats, ses nobles, ses soldats, ses artisans, sa populace. Le Christ seul a gardé l'appparence extérieure que lui assigne la tradition, le type sémite mitigé, la robe flottante, à larges plis. Il y a quelque chose de l'ascétisme du Christ de Munkacsy, mais il est beau. L'artiste n'a pas tenu compte de la parole de Tertullien qui inspirait vers le même temps, Henry de Groux, dans le *Christ aux Outrages : Ego sum vermis et non homo, opprobrium humani generis.*

Cette *Via Crucis,* placée dans l'église de la paroisse Saint-Sauveur, à Gand, — une paroisse du faubourg, peuplée d'ouvriers — restera le morceau capital de Théophile Lybaert. Elle nous montre son amour des anciens âges, toute sa science et tout son art, admirable de réalisme honnête, de grandeur sereine, de savoir-faire, sans tricherie. Elle prouve qu'il a pu, sans imitation servile et sans plagiat ridicule, transplanter l'art d'autrefois dans notre siècle, et que si, de nos jours, on a d'autres usages, d'autres idées, d'autres goûts et d'autres moyens, un artiste sincère comme lui nous rattache, avec une sensation vraie et profonde, aux Memling, aux Albert Dürer, aux Van Eyck.

En pleine possession de son talent, fortifié par le succès, on peut s'attendre de sa part à de nouveaux efforts, qui le placeront au premier rang. Il lui manque une consécration : celle que donne Paris à toutes les gloires, car la France, en fait d'art. élargit ses frontières, et demeure hospitalière à tous les génies, sachant que s'ils sont le patrimoine de leur patrie, elle est, elle, le patrimoine du monde, qui sait que Dieu a toujours fait de grandes choses par les Français.

Paris, Décembre 1895

Imprimerie de MALHERBE
271, rue de Vaugirard, 12, passage des Favorites
PARIS